Broderie. Pl. 1.

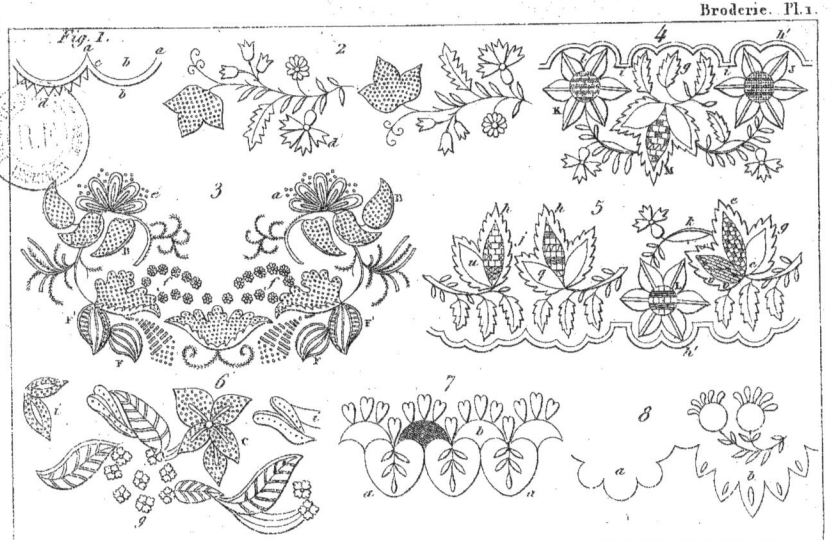

Imp. Royet, r. Hautefeuille 12.

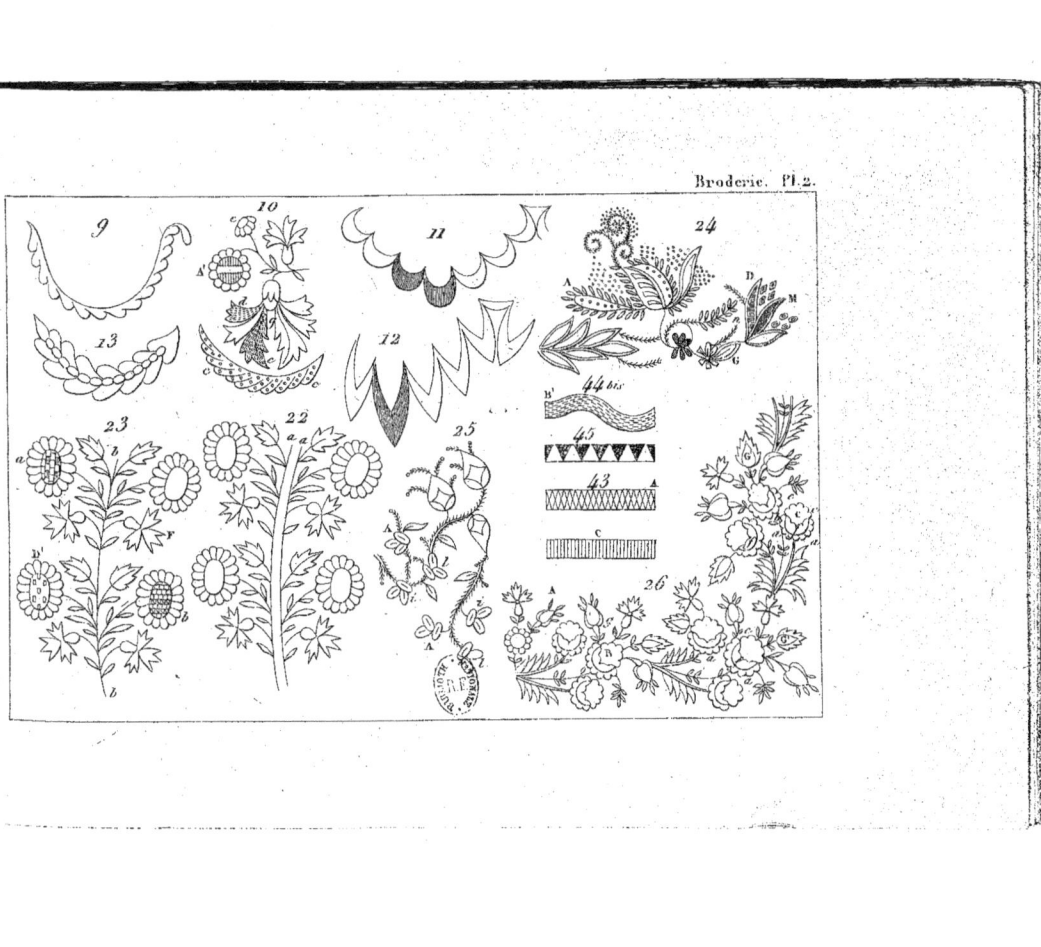

Broderie. Pl. 2.

Broderie. Pl. 3.

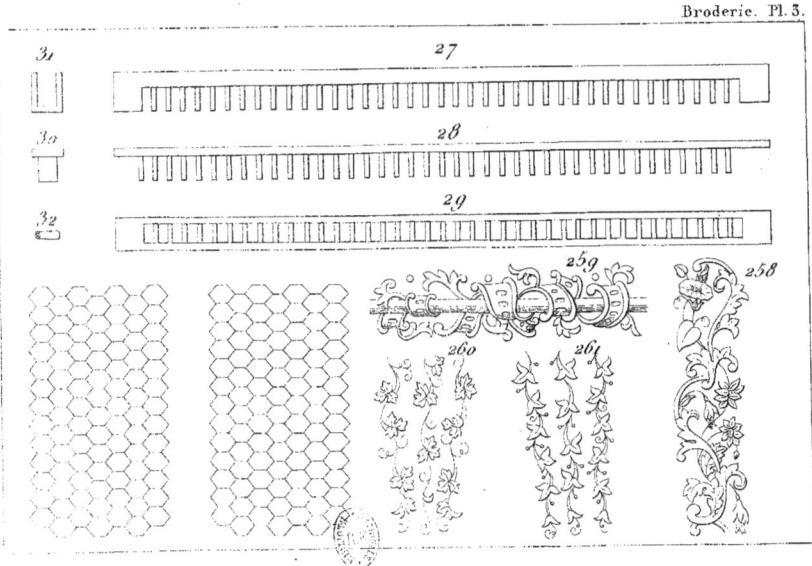

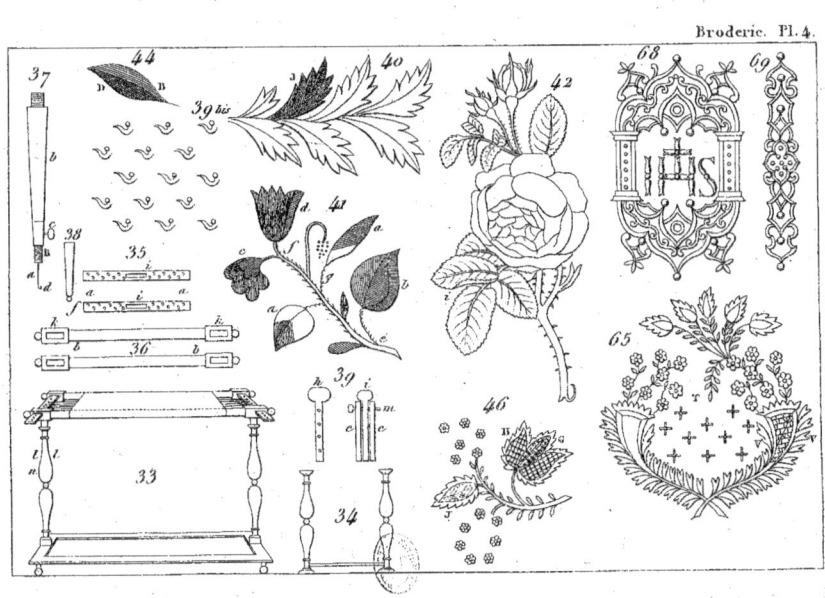

Broderie. Pl. 4.

Broderie. Pl. 5.

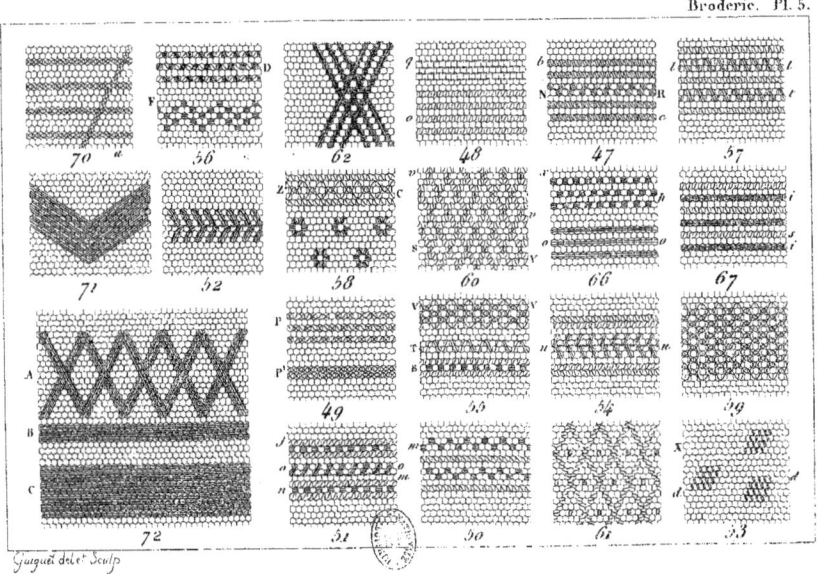

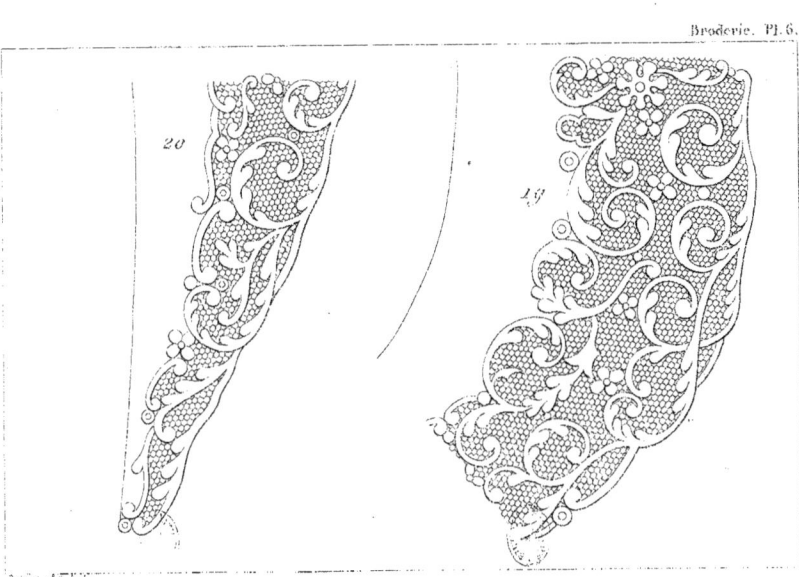
Broderie. Pl. 6.

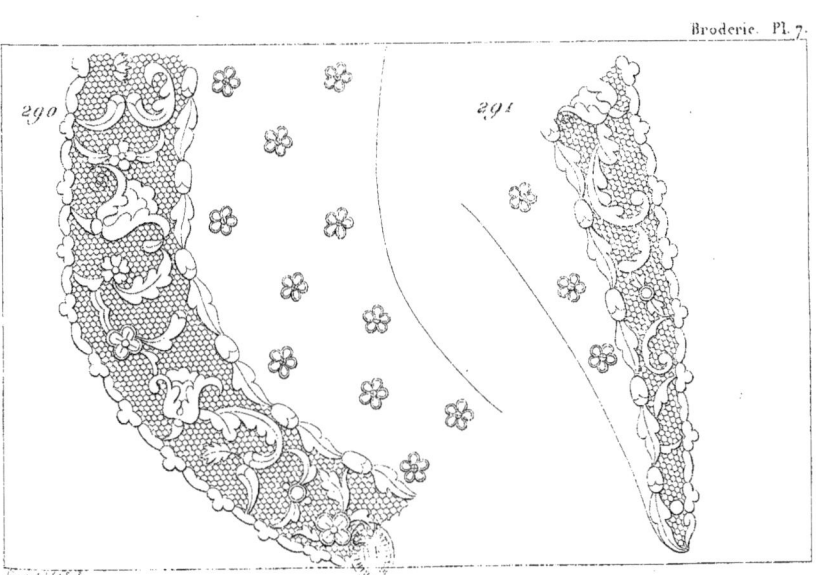

Broderie. Pl. 8.

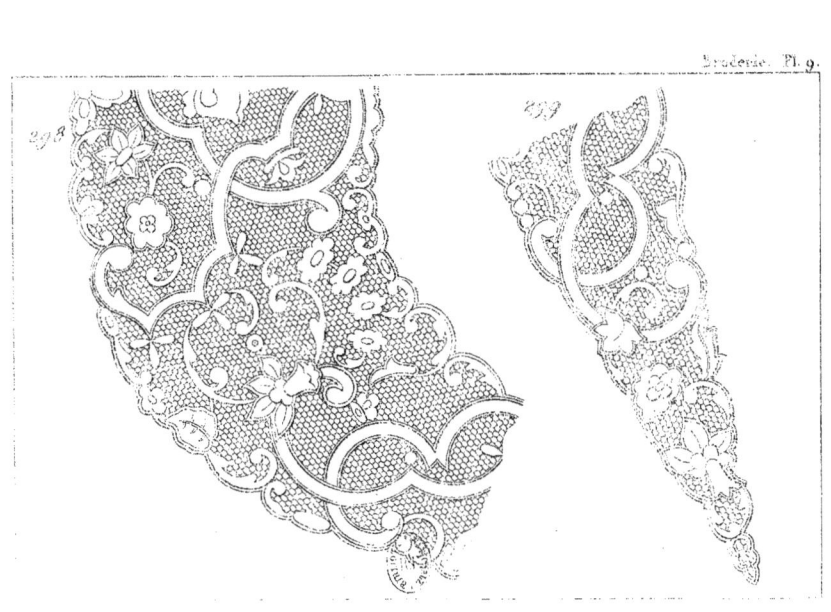

Broderie. Pl. 10.

293

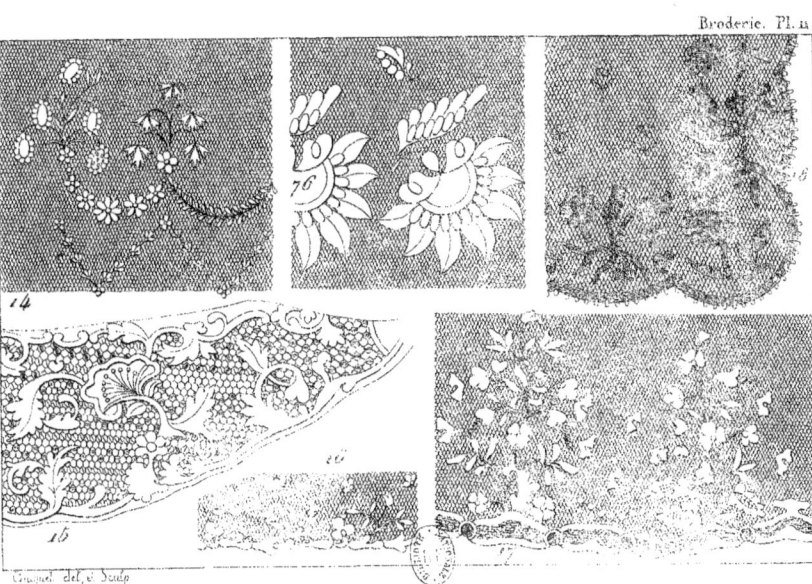

Broderie. Pl. 11.

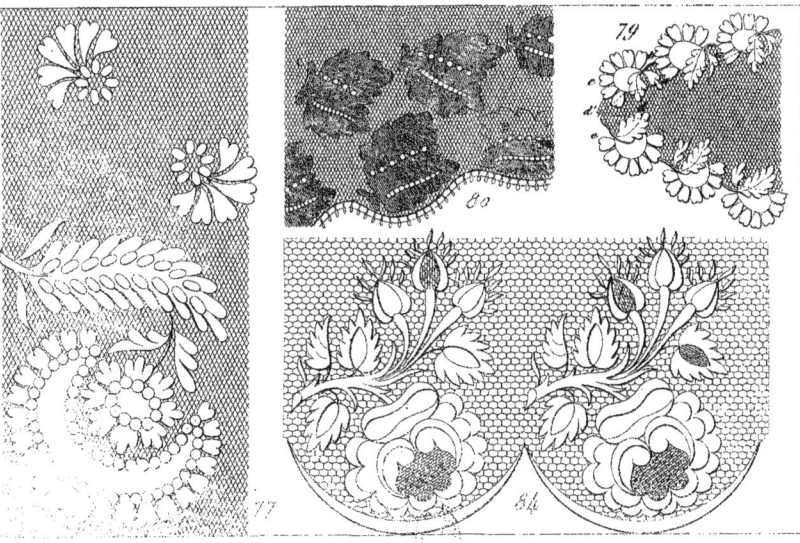

Broderie. Pl. 12.

Broderie. Pl. 13.

78

Broderie. Pl. 14.

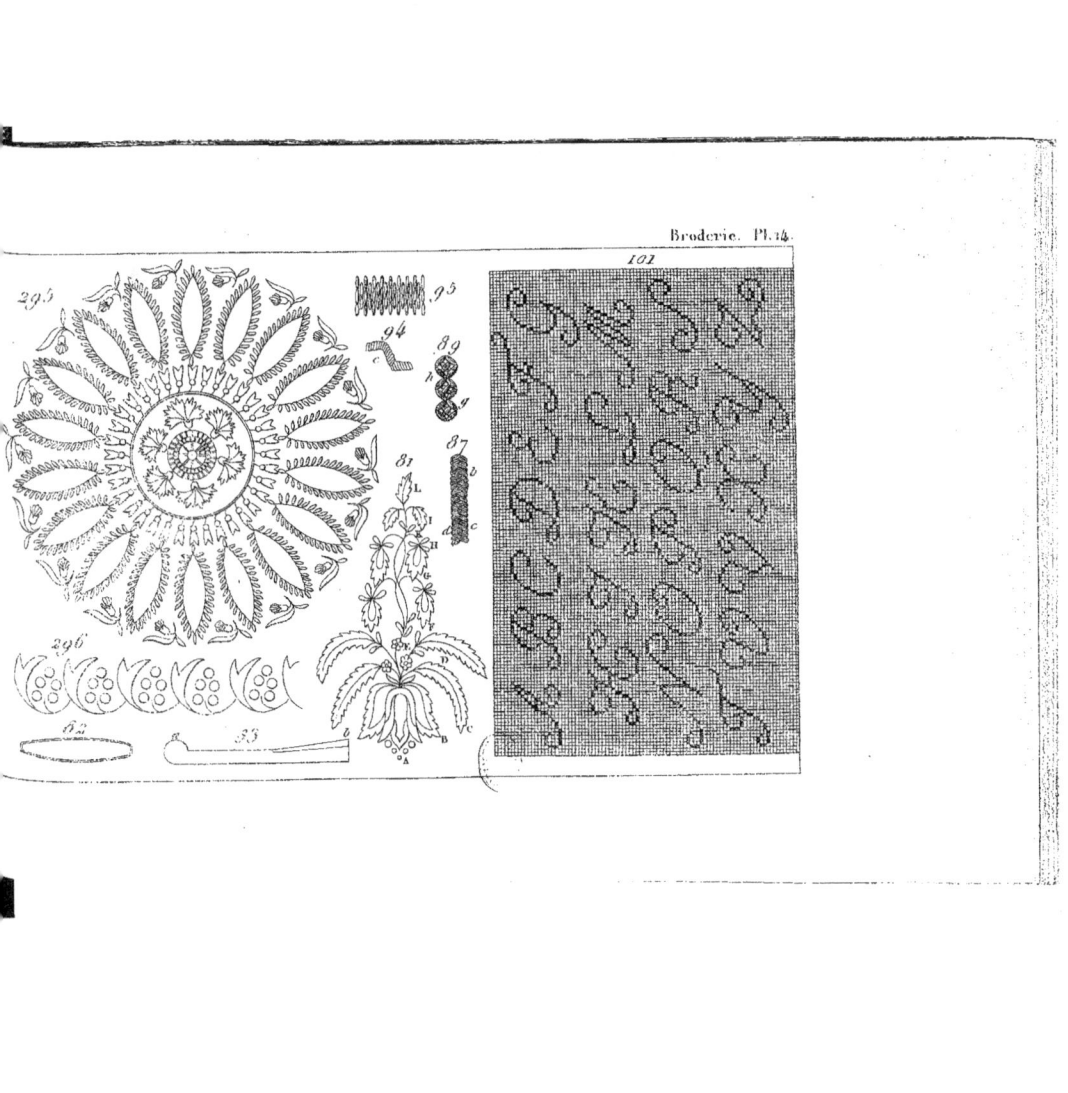

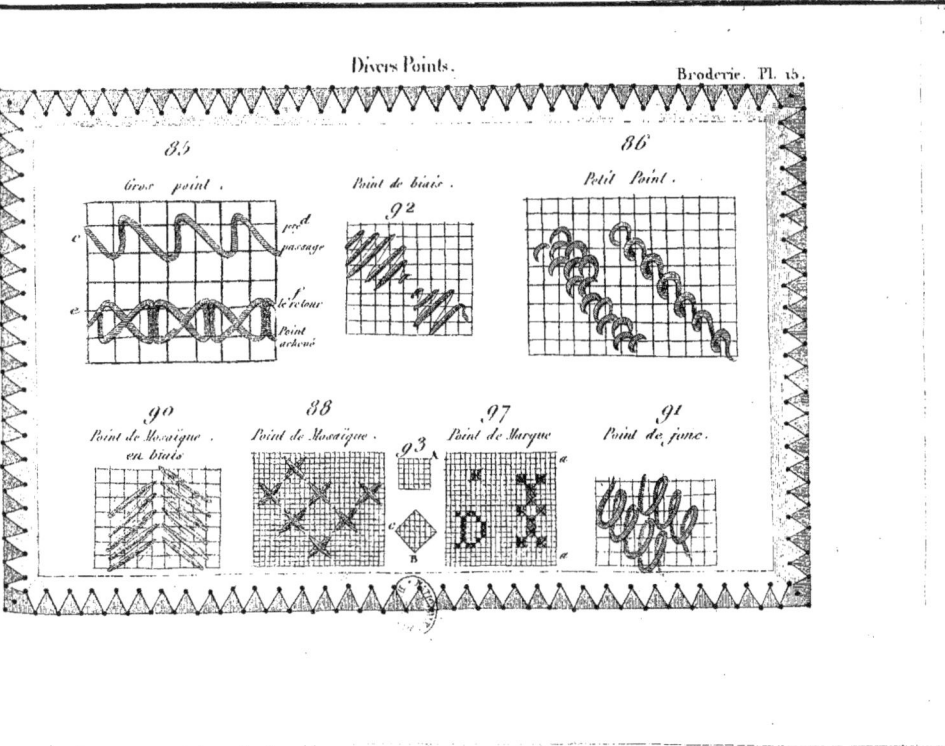

Marque   Broderie. Pl. 16.

ABCDEFGHIJKLMNOPQRS
TUVXYZ — 1234567890

abcdefghijklmn
opqrstuvxyzw

Alphabets Anglais - Gothique

Marque

260

Alphabet grande Gothique.

Marque

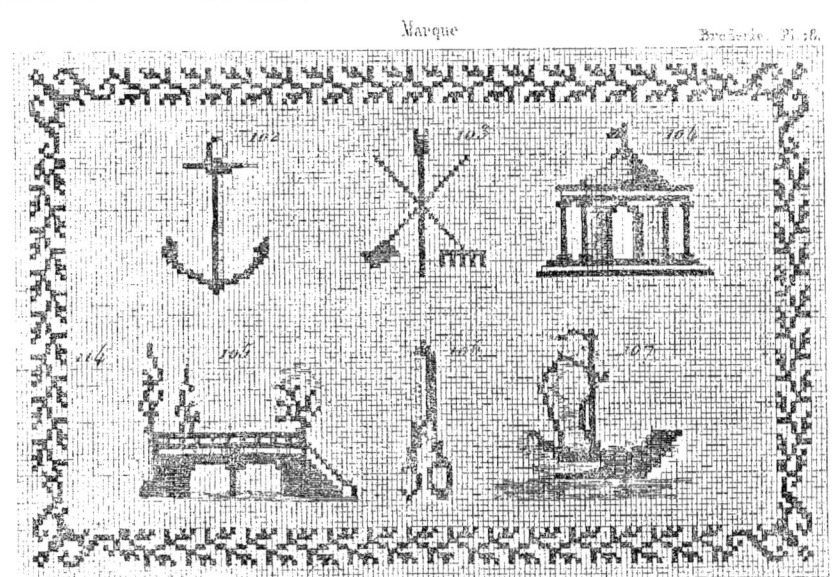

Petits Caprices

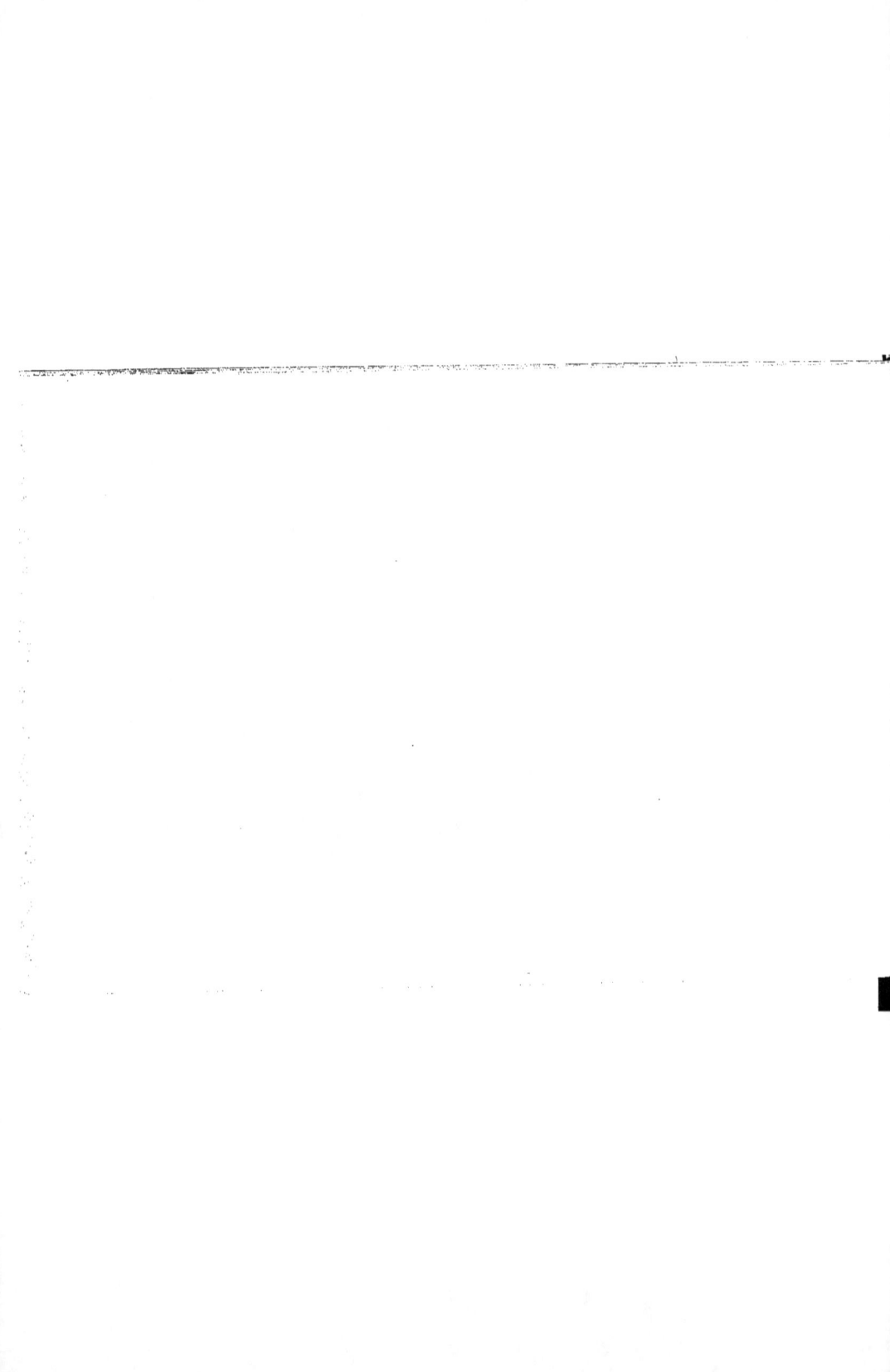

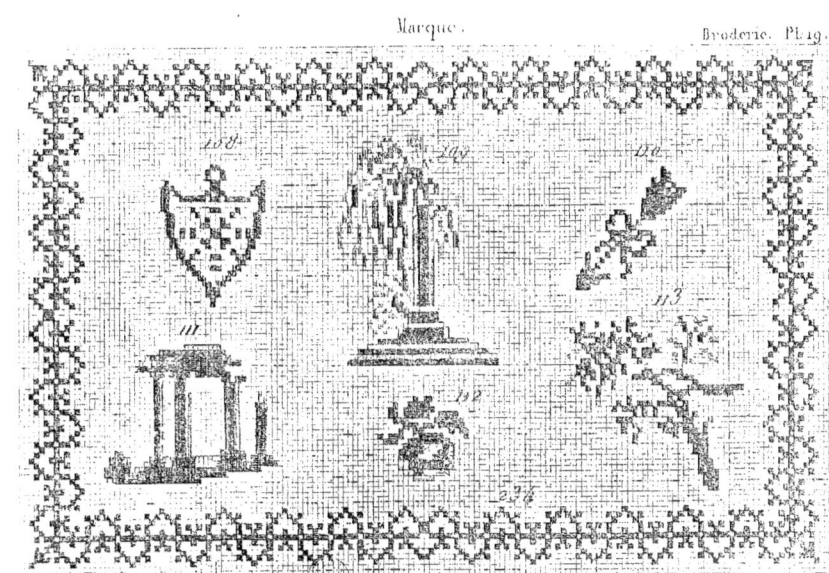
Bordure et Mélanges.

Marque. Broderie. Pl. 20.

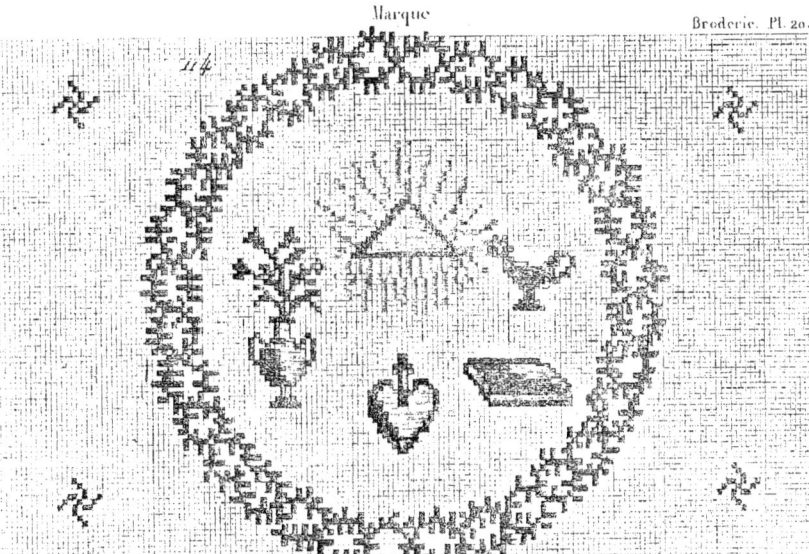

Dessin de dévotion.

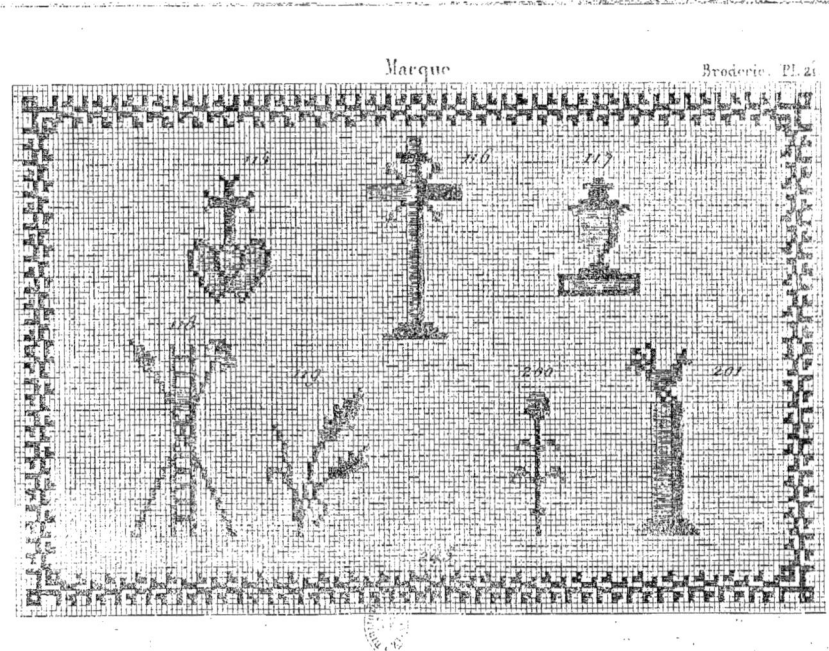

Marque — Broderie. Pl. 21

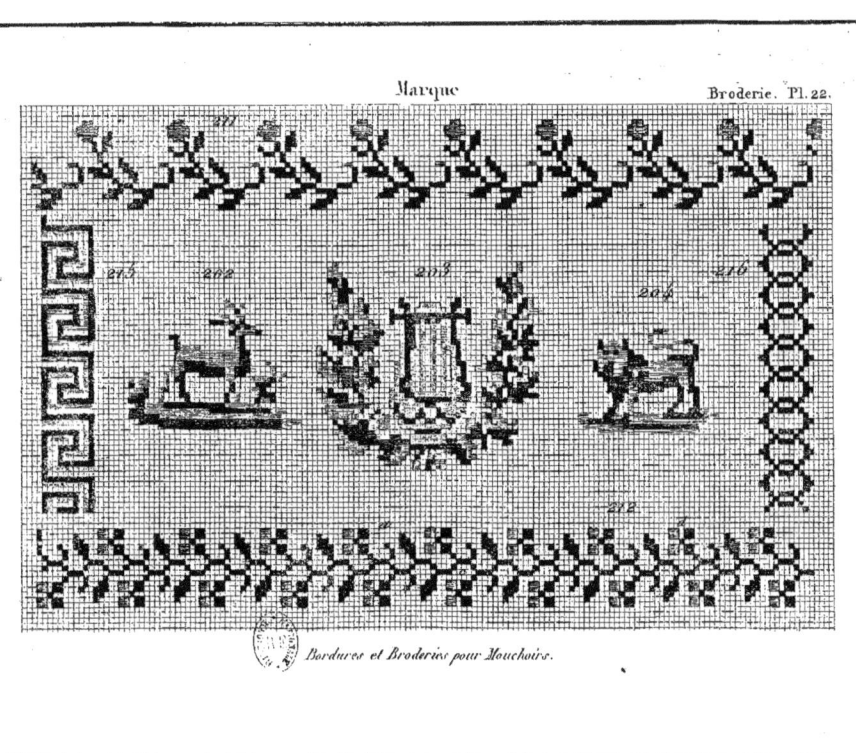

Bordures et Broderies pour Mouchoirs.

Broderie. Pl. 23.

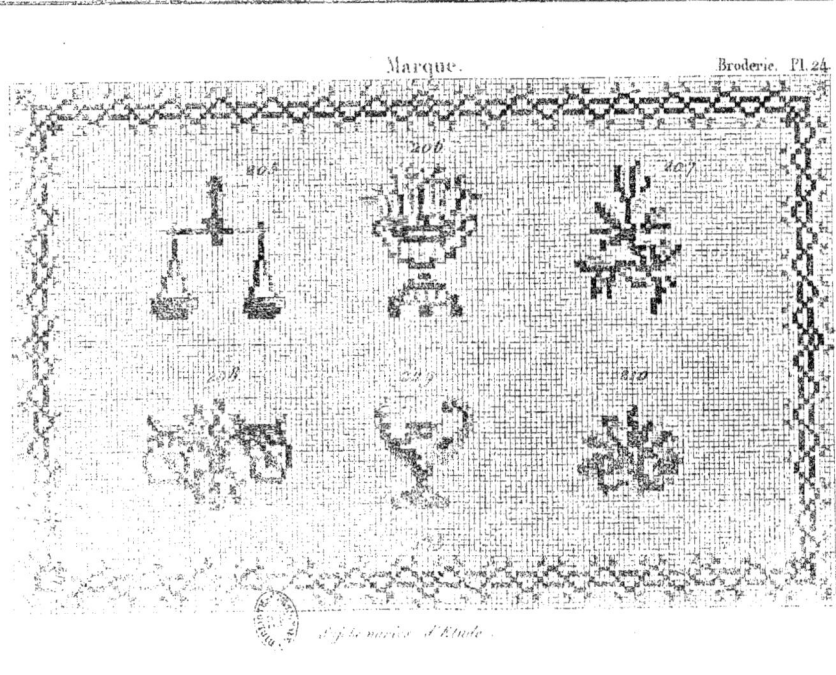

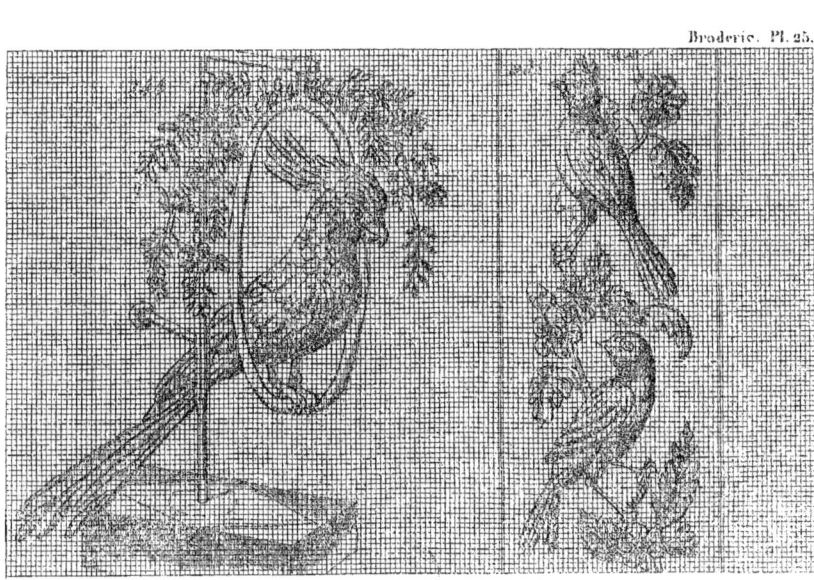

Broderie. Pl. 25.

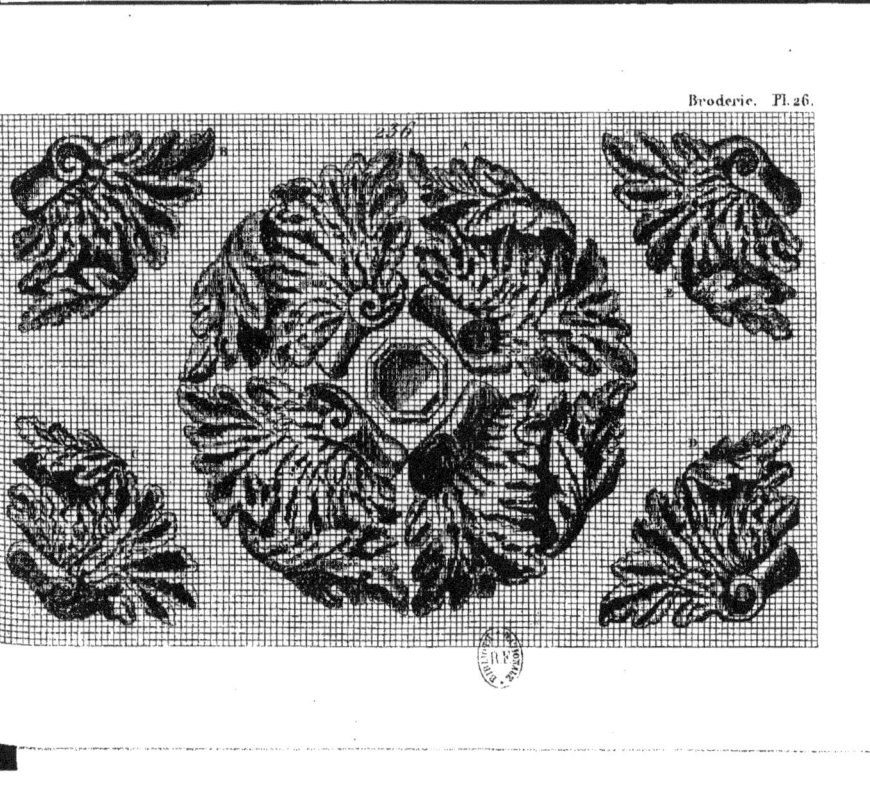

Broderie. Pl. 26.

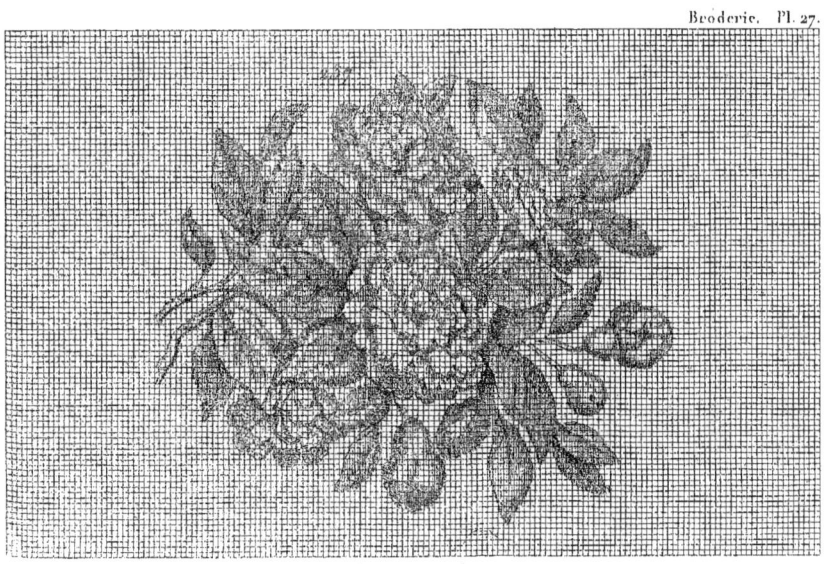

Broderie. Pl. 27.

Anneau de Serviette en Perles. Broderie. Pl. 28.

237

239 — Petit tableau en perles.

240 — Petit tableau en perles.

Tableau en Perles. Broderie. Pl. 29.
241

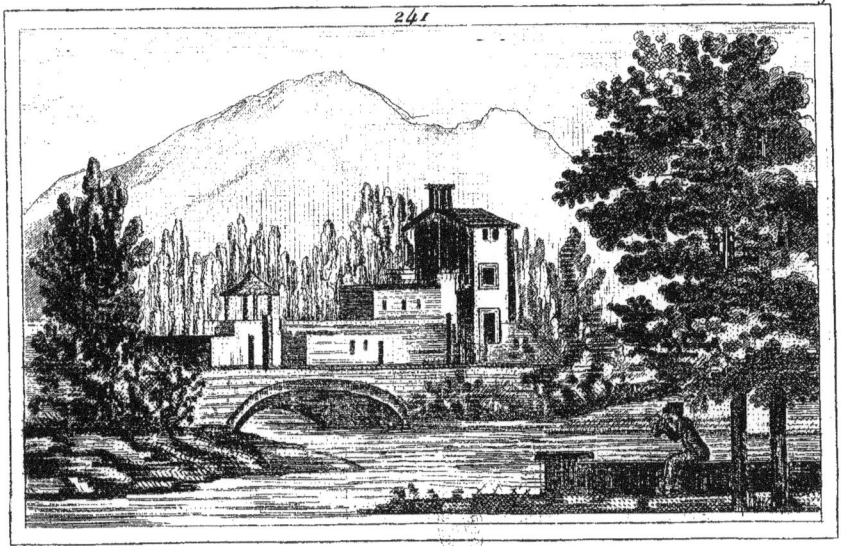

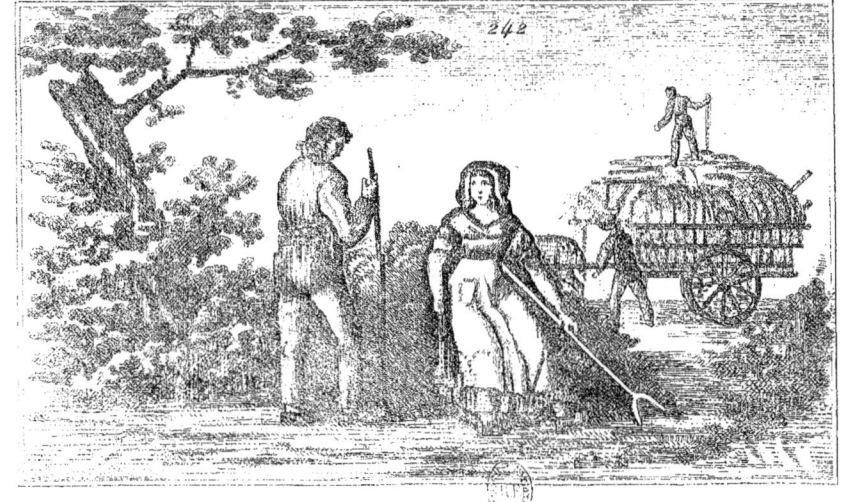

Tableau en Perles.   Broderie. Pl. 30.

242

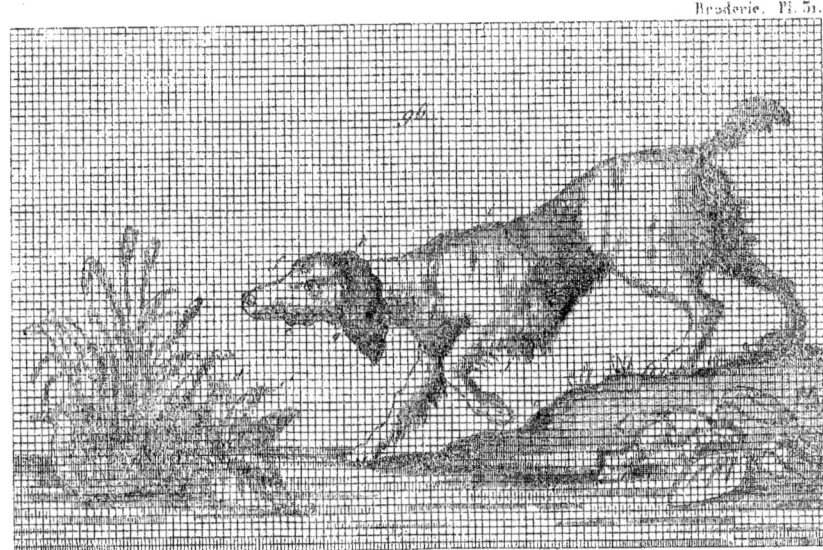

Broderie. Pl. 51.

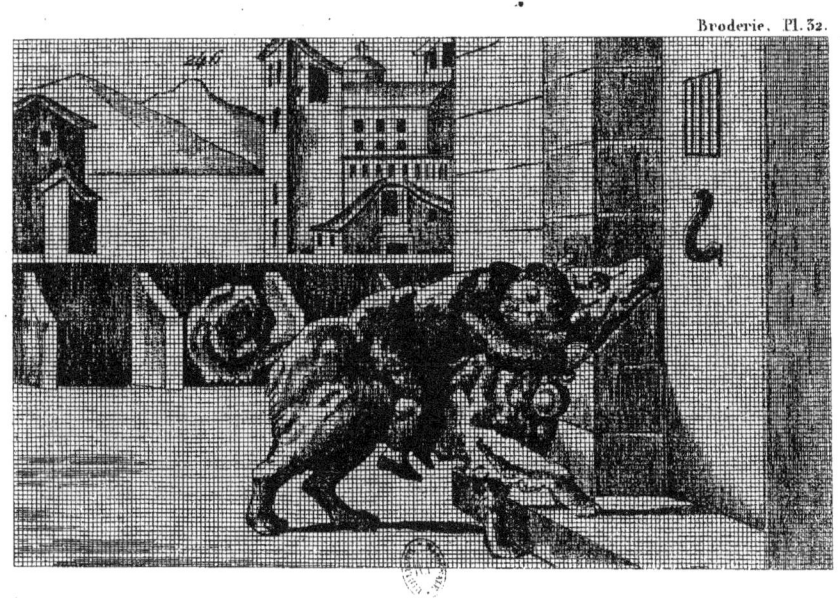

Broderie, Pl. 32.

Tapisserie — Broderie. Pl. 33.

232 233

Bouquets pour fond de Meuble.

Broderie. Pl. 34.

Tapis de Lit.

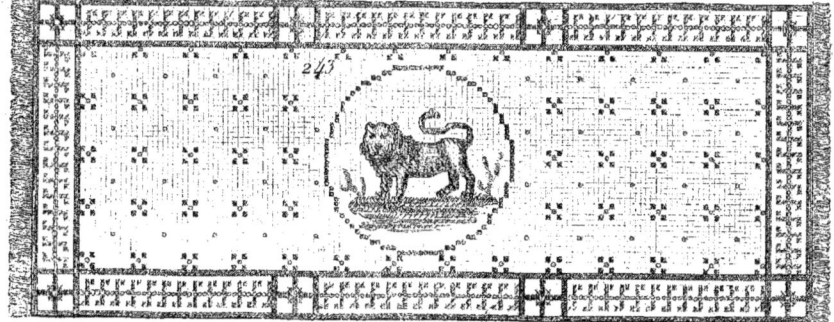

Broderie. Pl. 35.

219   Tapis de Lampes.   247

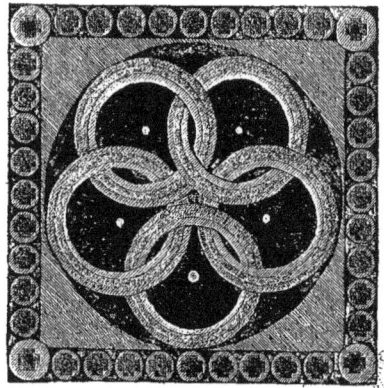
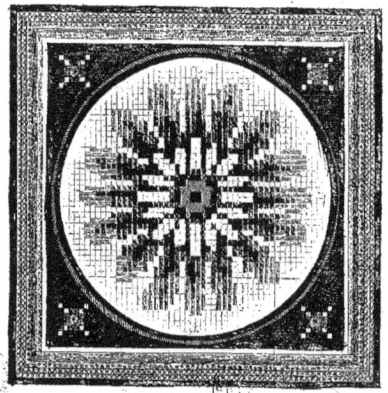

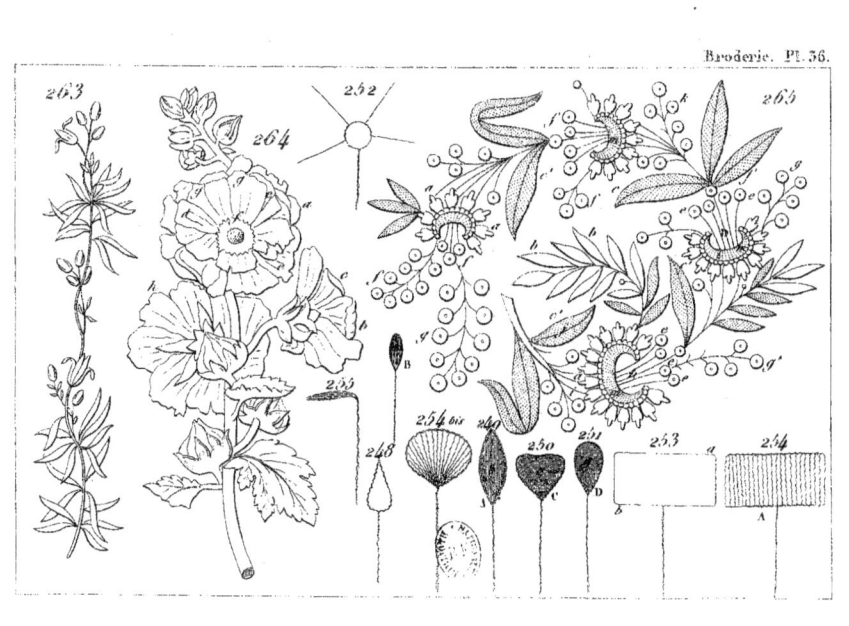

Broderie. Pl. 36.

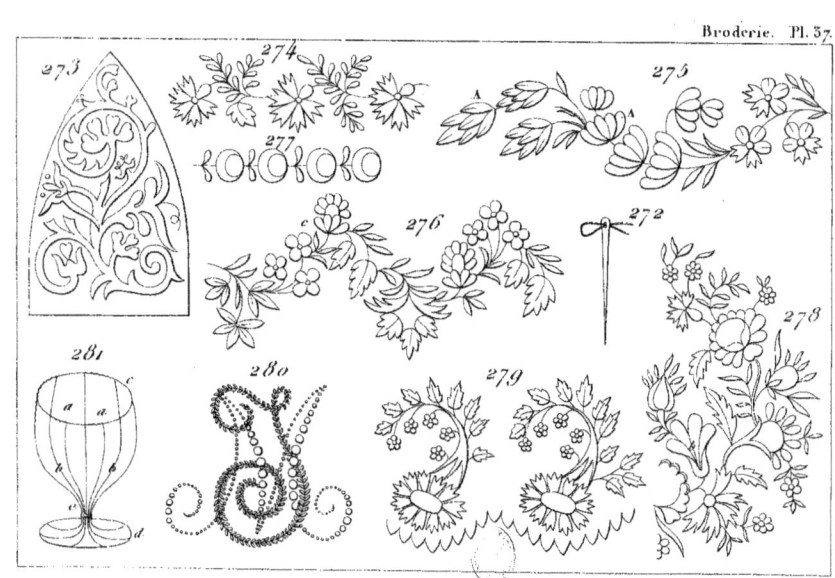

Broderie. Pl. 38.

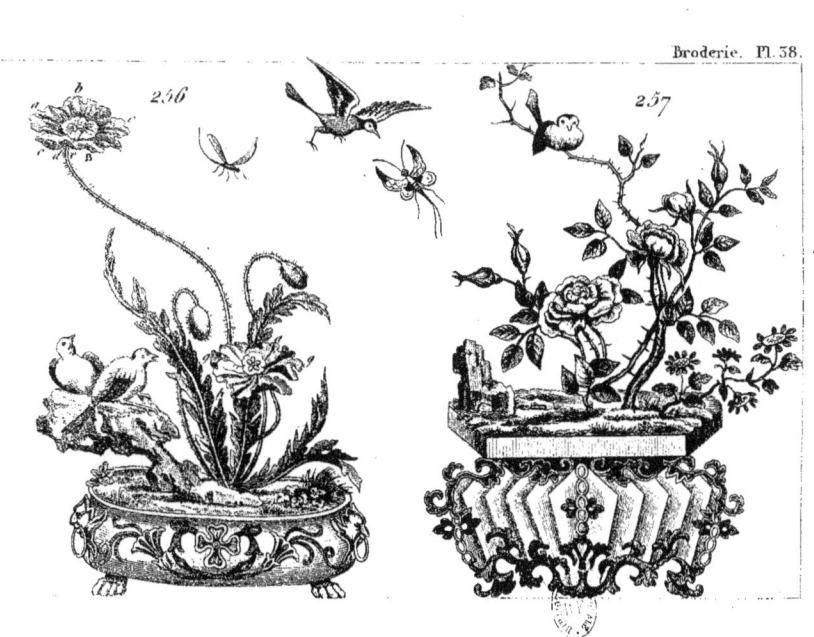

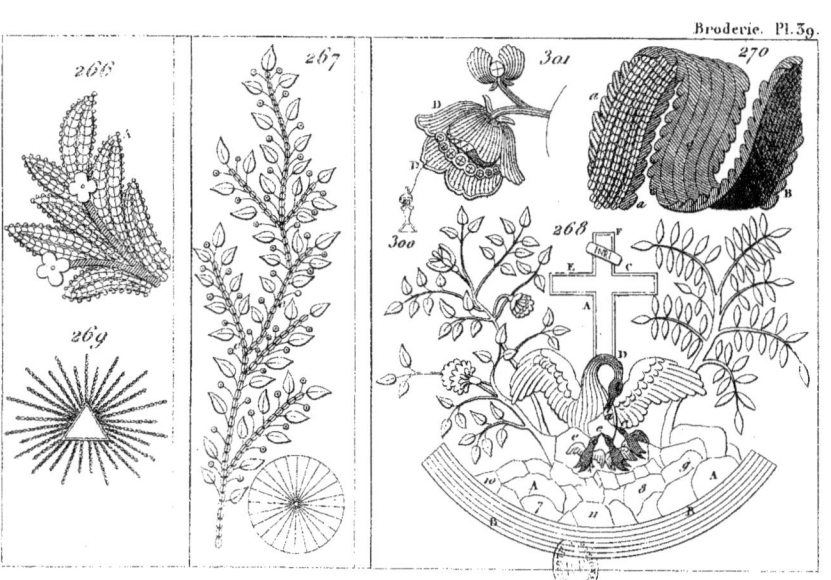

Broderie. Pl. 39.

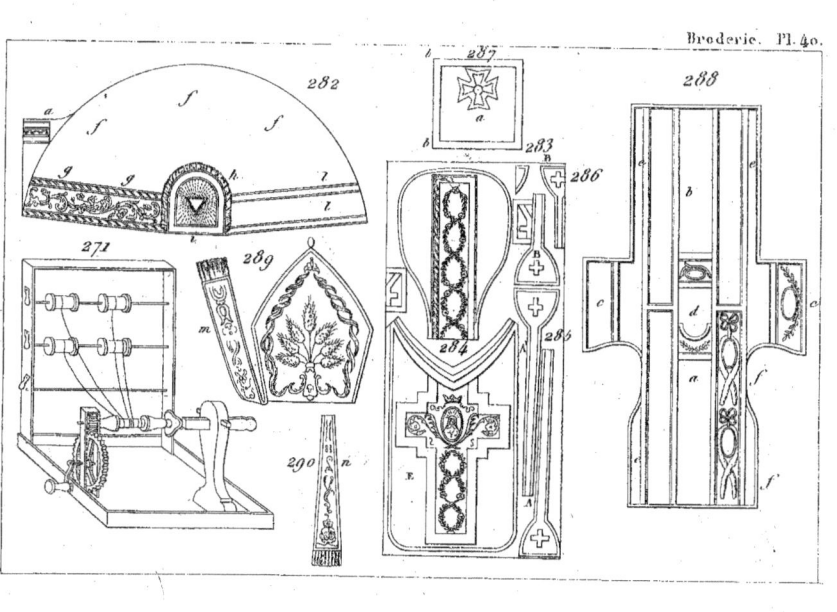

Broderie. Pl. 40.